THE HISTORY 한국사 인물 5
신사임당

THE HISTORY 한국사 인물 5
신사임당

펴낸날 2023년 5월 8일 1판 1쇄
펴낸이 강진균
글 김영자
그림 안정균
편집·디자인 편집부
마케팅 변상섭
제작 강현배
펴낸곳 삼성당
주소 서울시 강남구 선릉로 747 삼성당빌딩 9층
대표 전화 (02)3443-2681 **팩스** (02)3443-2683
출판등록 1968년 10월 1일 제2-187호
ISBN 978-89-14-02084-0 (73990)

본 저작물은 저작권법에 따라 보호를 받는 책이므로 무단 전재와 무단 복제를 금합니다.
※ 파본은 바꾸어 드립니다.

THE HISTORY 한국사 인물 5

신사임당

차례

재주를 타고난 아이 ······························ 11

혼인 ··· 31

용꿈으로 얻은 신동, 현룡 ····················· 52

자녀 교육에 힘쓰는 사임당 ···················· 74

예술의 경지에 오른 현모양처 ·················· 103

신사임당의 생애 ······························ 121

신사임당 ······································· 122

재주를 타고난 아이

 관동 팔경 중의 하나인 경포대와 짙푸른 동해, 구름을 뚫을 듯 높이 솟은 대관령을 끼고 있는 강릉은 예로부터 경치 좋은 고장으로 알려진 곳이다.
 이 강릉의 북평 마을에 위치한 흙담으로 둘러싸인 오래된 집에서 어느 날 여자아이가 태어났다. 바로 훗날 우리나라 여성의 본보기가 된 신사임당이었다.
 1504년, 아버지 신명화와 어머니 이씨 부인 사이에 태어난 사임당의 부모는 첫째가 딸이었기 때문에 둘째도 딸인 것이 당시 핵심 사상인 유교적 관습에 비추어 실망스러웠으나 귀엽고 깜찍한 아기의 얼굴을 보자 얼굴 가득 기쁨이 넘쳐흘렀다.

사임당의 부모는 비록 여자아이지만 남자아이 못지않게 잘 키우기로 결심했다.

한편 사임당의 외할아버지 이사온은 용인 이씨로 강릉 최씨 부인을 맞아 줄곧 강릉에서 살아 온 생원이었다.

무남독녀인 사임당의 어머니 이씨만을 키우던 외할아버지는 딸을 시집보내고 난 뒤, 허전한 마음이 들었다.

이씨 부인도 그런 부모를 두고 떠나온 것이 마음에 걸려 밤마다 건강을 기원하는 기도를 드렸으나 아버지는 그만 외로움으로 몸져눕게 되었다. 그 소식을 들은 이씨 부인은 곧바로 한성에서 강릉으로 달려와 지극정성으로 아버지를 간호하였다.

〈경포대〉
신사임당이 어릴 때 자란 곳인 강릉의 명승지

 얼마 후 이씨 부인의 지극한 병간호로 아버지의 병은 완쾌되었으나, 부모님만 두고 다시 떠나려니 차마 발걸음이 떨어지지 않았다. 방법을 생각하던 이씨 부인은 친정 부모를 모실 수 있도록 시댁의 허락을 받기로 했다.

 다행히 이씨 부인의 시댁에서는 딸도 자식이라 하며 이를 허락하고 친정 부모 곁에 머물 수 있게 해 주었다.

 어려서부터 아버지 이사온에게 글과 붓글씨를 배워 보통의 여자들과는 달랐던 이씨 부인은 친정에 머물면서 아버지에게 학문을 배우며 글씨와 그림에 관심을 기울였다.

이런 어머니의 영향으로 사임당은 유년기를 외가에서 자라면서 학문과 효를 익힐 수 있었다.

사임당의 아버지도 어머니 이씨 부인의 효성에 감복해 불평 한마디 없이 강릉과 한성을 오가며 지냈다.

사임당의 아버지 신명화는 고려 태조 왕건*을 구하다 전사한 신숭겸의 18대손으로 벼슬을 탐하지 않고 학문에만 열중해 온 선비였다.

이씨 부인은 그 후로도 딸만 셋을 더 낳았다.

"이 모두 하늘의 뜻인가 보오."

다섯째 딸이 태어났을 때 아버지는 이렇게 어머니를 위로하며 아들 낳기를 포기했다.

다섯 딸은 무럭무럭 컸으며 강릉의 아름다운 자연환경

왕건

고려 제1대 왕(재위 918~943)

후고구려를 세운 궁예가 폭정으로 민심을 잃자 배현경, 신숭겸 등의 추대를 받아 고려를 세웠다. 수도를 송악으로 옮기고 불교를 호국 신앙으로 삼았다. 후백제의 견훤이 고려에 투항하자 신라와 후백제를 쳐 후삼국을 통일하였다. 《정계》, 《계백료서》, 《훈요십조》 등을 지었다.

태조 왕건의 영정

속에서 심성 고운 아이들로 자라게 되었다.

그러나 아버지는 온갖 칭찬을 받고 자라는 둘째 딸 사임당을 항상 걱정스러운 눈길로 지켜 보았다.

'여자는 재주가 너무 뛰어나면 팔자가 센 법인데……'

그러나 아버지도 날이 갈수록 학문의 깊이가 더해 가고 영특하기만 한 사임당을 보고 감탄하지 않을 수 없었다.

'어디서 왔을꼬, 분명 하늘에서 주신 복덩어리가 틀림없어.'

아버지는 사임당의 재주를 키워 주겠다고 결심했다.

초롱초롱한 눈망울로 이것저것을 물어 보는 사임당에게 어머니는 누구보다 큰 스승이었다.

"어머니! 비는 왜 와요?"

"하늘에 먹구름이 많아지면 비가 되어 내리는 거란다."

"먹구름은 왜 생기는데요?"

"땅의 수증기가 하늘로 올라가 먹구름을 만든단다."

늘 곁에서 호기심을 풀어 주는 어머니는 주로 한성에 머무르는 아버지를 대신해 학문과 예법을 가르쳤다.

사임당이 지은 시나 그림을 본 어른들은 하나같이 그 재주를 칭찬하지 않는 사람이 없었다.
　"허어…… 이 시를 저 어린아이가 지었단 말인가!"
　"정말 놀랍네그려……."

두 손으로 떠 보면 하얀 바닷물,
놓으면 또다시 파래집니다.

　외할아버지를 따라 동해에 놀러 갔다가 사임당이 지은 이 시에는 어린아이의 순수함이 그대로 배어 있었다.
　어느 날 사임당은 병풍에 그려진 안견*의 산수화를 그대로 그려 보기로 했다.

안견

조선 초기 세종 대왕 때의 화가. 호는 현동자 또는 주경. 초상화, 사군자, 산수도에 모두 뛰어났다. <몽유도원도>, <적벽도>, <청산백운도>, <사시팔경도>, <소상팔경도> 등을 남겼다. 이 중 <몽유도원도>는 세종대왕의 셋째 아들인 안평대군의 꿈 이야기를 듣고 그린 그림으로 유명하다.

안견이 그린 <사시팔경도>의 일부

그림을 그리는 동안 사임당의 작고 귀여운 얼굴은 빨갛게 상기되었다. 이마에도 땀방울이 송골송골 맺혔다.

마침내 그림을 다 그린 사임당은 외할아버지께 보여 주기 위해 재빨리 사랑방으로 갔다.

"할아버지, 제가 그림을 그렸어요."

"허허 그래, 어디 좀 보자."

외할아버지는 손녀 사임당이 펼쳐 든 그림을 살펴보고는 깜짝 놀랐다.

일곱 살짜리 어린아이의 그림이라기엔 너무나 훌륭한 그림이었기 때문이다.

"조금 서툴기는 하지만 정말 잘 그렸구나."

어린 사임당의 그림에서 가능성을 본 외할아버지는 속으로 생각했다.

'저 어려운 그림을 따라 그리다니, 조금만 노력하면 훌륭한 화가가 되겠어.'

칭찬을 받은 사임당은 수줍어하며 그림을 둘둘

말았다.

"어머니께도 보여 드리렴."

"네, 할아버지."

외할아버지의 칭찬에 기분이 좋아진 사임당은 곧장 어머니에게로 갔다. 어머니는 다섯 딸을 낳고 키우느라 몸이 많이 약해져 있었다. 누워 있는 어머니 곁에 다가간 사임당은 자신이 그린 그림을 보여 주며 말했다.

"제가 그린 거예요, 어머니."

"정말 네가 그린 것이냐?"

어머니도 사임당의 그림을 보고 칭찬을 아끼지 않았다.

"어린 네가 참 잘 그렸구나. 네게 물감을 사 줄 테니 틈이 나는 대로 그림 공부를 해 보거라. 그렇다고 글공부를 게을리하면 안 된다. 알겠느냐?"

"네, 잘 알겠어요."

그 후 사임당은 그림뿐만 아니라 글공부도 더욱 열심히 하여 사서삼경은 물론 이름 있는 학자들의 문집까지도 읽어냈다.

재주뿐만 아니라 인정 많은 사임당의 눈에는 하찮은 풀 한 포기 벌레 한 마리도 그냥 보이지 않았다.

한번은 사임당이 마당에서 놀다가 죽은 메뚜기 한 마리를 발견한 적이 있었다. 개구쟁이 꼬마들이 그랬는지 뒷다리 두 개가 모두 잘린 채 죽어 있는 메뚜기 주위로 개미 떼가 새까맣게 몰려들고 있었다.

사임당은 하찮은 벌레지만 그냥 지나치지 않았다. 메뚜기가 가여워 땅을 파고 묻어 주었다.

또 푸르름이 짙어 가던 어느 여름날이었다.

"우와~ 메뚜기 떼다."

"잠자리야, 거기 서!"

개구쟁이 동네 아이들이 메뚜기와 잠자리를 잡기 위해 몰려 다니고 있었다.

"짱아! 짱아! 고추짱아(고추잠자리)! 이리 오면 살고 저리 가면 죽는다."

"야! 잡았다."

잠자리를 잡은 아이는 날개를 잡고 한참을 정신없이 놀

〈꽈리와 잠자리〉
신사임당의 그림 (국립춘천박물관 소장)

앉다.

그러더니 재미가 없어졌는지 이내 잠자리를 던져 버리고 갔다.

사임당은 잠자리가 떨어진 곳으로 가 보았다. 잠자리는 땅에 떨어져 날개도 펴지 못하고 떨고 있었다.

'가엾은 잠자리…….'

사임당은 얼른 잠자리를 주워 꽈리 잎새 위에 조심스럽게 얹어 놓았다.

축 처져 있던 잠자리는 잠시 후 기운을 차렸는지 고맙다는 듯 사임당 주위를 한 바퀴 돌더니 날아갔다.

이렇게 자연에 대한 관심이 많았던 사임당은 꽃이나 나비, 새, 풀벌레조차 그냥 지나치지 않고 주의 깊게 살폈다.

사임당이 대청마루에 앉아 열심히 그림을 그리던 어느 날이었다. 사임당은 빨간 꽈리*가 열린 나무 위로 큰 메뚜기 한 마리가 기어가는 그림을 그리고 있었다.

마침내 그림을 다 완성한 사임당은 그림을 말리기 위해 화판을 비스듬히 마루 끝에 기대어 놓았다.

잠시 방에 들어갔던 사임당이 부스럭거리는 소리에 놀라 방문을 열었다. 닭 한 마리가 마루 위로 올라와 그림 속의 메뚜기 허리를 콕콕 쪼고 있었다.

사임당은 급히 닭을 쫓아 보내고 그림을 살펴보았다. 그림은 찢기고 닭 발자국과 함께 채 마르지도 않은 물감들이 엉망으로 뒤엉켜 있었다.

사임당은 너무나 속이 상해 그림을 부둥켜안고 엉엉 소

꽈리

높이 40~90cm가량의 여러해살이풀로 털이 없고 땅속줄기가 길게 뻗어 번식한다. 꽃은 6~7월에 피며, 7~8월에 수확한 열매는 둥근 모양으로 장식용 과실로 쓰고, 뿌리와 열매는 말려서 약용(해열제)으로 썼다.

붉게 익은 꽈리 열매

리내어 울기 시작했다.

"얘, 왜 그러니?"

울고 있는 사임당에게 언니가 다가가 물었다.

"언니, 이 그림 좀 봐!"

사임당이 보여 준 그림은 엉망이 되어 있었다. 마침 그곳을 지나던 아버지도 그 광경을 보게 되었다.

"아니, 그렇게 열심히 그려 놓은 걸 닭이란 놈이 그랬구나. 쯧쯧……."

잠자코 그림을 들여다보던 아버지는 사임당의 그림 솜씨에 새삼 놀라고 있었다.

아버지는 이토록 훌륭한 그림을 그려 낸 사임당이 대견스러워 딸에게 위로의 말을 건넸다.

"얘야, 울지 마라. 닭이 그만 그림 속의 메뚜기를 진짜로 여겼던 모양이다. 네가 얼마나 잘 그렸으면 그랬겠니. 울기보다 기뻐해야 할 일이구나. 우리 집안에 이런 훌륭한 재주를 가진 아이가 있다는 것이 아버지는 자랑스럽구나. 옛날 신라에 솔거*라는 분이 계셨다. 그분이 황룡사란 큰 절의

벽에 늙은 소나무를 그렸는데 어찌나 생생했던지 산새들이 나뭇가지를 향해 날아오다 수없이 떨어져 죽었다는구나."

아버지의 따뜻한 위로에 사임당은 눈물을 거두었다.

"아버지! 솔거라는 분이 그렇게 그림을 잘 그렸어요?"

"그럼, 잘 그렸다마다. 그러니 너도 속상해하지 마라."

어머니 이씨 부인은 사임당의 예술적 재능에 못지않게 여자로서 해야 할 도리인 삼종지도(유교에서 정의한 여성의 도덕규범)에 대해서도 가르쳤다.

"여자는 모름지기 따라야 할 세 가지가 있다. 어려서는 아버지를 따라야 하고, 시집가서는 남편을 따라야 하며, 남편이 죽으면 아들을 따라야 하는 것이 그것이다."

솔거

통일 신라 시대의 화가. 진흥왕 때 황룡사 벽에 그린 <노송도>에 새들이 앉으려다가 부딪혀 떨어졌다고 전해지는 일화로 유명하며 <관음보살상>, 진주 단속사의 <유마거사상> 등을 그렸는데 너무 잘 그려 신의 그림이라 하였다고 한다.

황룡사의 복원 모형

나머지 네 딸도 어머니의 이런 가르침을 귀담아 들으며 여성으로서의 미덕을 갖추어 나갔다.

글솜씨와 그림 솜씨가 날로 늘어가던 사임당은 작품에다 낙관을 찍을 호를 만들기로 했다.

한참을 생각한 사임당은 중국 주나라 문왕의 어머니인 태임 부인을 떠올렸다. 그리고는 태임 부인을 본받는다는 의미에서 스승 '사(師)' 자와 태임의 '임(任)' 자와 부인을 뜻하는 '당(堂)' 자를 붙여 '사임당'이란 호를 지었다.

이리하여 이름이 알려지지 않던 이 아이는 신사임당이라 알려지게 되었다.

신사임당은 사임당이란 호를 가지면서 더욱 성현들의 말씀을 마음에 새기며 몸가짐을 단정히 하고 재능을 갈고닦았다.

추운 겨울날에는 바느질이나 자수에 열중했다. 날이 갈수록 사임당의 바느질 솜씨는 늘어갔다.

어느 날 어머니는 사임당에게 아버지의 옷을 짓게 했다.

"애야, 곧 아버지께서 한성에서 오실 텐데 네가 한번 아버지 옷을 지어 보는 게 어떻겠니?"

어머니는 사임당의 솜씨가 어느 정도인지 궁금하기도 했으며 아버지도 사임당이 지은 옷이라면 좋아할 것 같아 그렇게 얘기했던 것이다.

"어머니, 저보다 언니가 더 잘할 텐데요."

"아니다, 잘하는 것보다는 네게도 한번 기회를 주고 싶어서 그런다."

"그렇다면 제가 지어 볼게요."

그날부터 사임당은 정성들여 아버지 옷을 짓기 시작했다.

'아버지 품에 꼭 맞아야 할 텐데…….'

신사임당은 아버지의 귀가에 맞춰 부지런히 옷을 지었다.

보름 후 옷이 거의 마무리되어 갈 무렵 아버지가 강릉에 도착했다.

"마님! 나리께서 오셨습니다."

"그동안 잘들 있었느냐?"

"네, 아버지……."

"어서 오세요."

"부인, 다녀왔소."

어머니는 짧은 인사만 나눈 뒤 저녁상을 보기 위해 부엌으로 갔다.

사임당도 인사를 한 후 곧바로 방으로 들어와 손수 지은 옷을 안방에 갖다 놓았다.

저녁을 먹고 나서 어머니는 안방 한쪽에 놓여 있는 한복 한 벌을 보았다.

'사임당이 드디어 다 지었구나.'

마침 아버지가 들어오자 어머니는 그 옷을 내밀고 갈아입으라고 했다.

"피로하실 텐데 새 옷으로 갈아입고 쉬세요."

새 옷으로 갈아입은 아버지가 말했다.

"바느질 솜씨가 참 곱구려. 당신이 지은 것이오?"

"아니에요. 사임당이에게 한번 지어 보라고 했는데 참 잘 지었네요."

"정말이오? 그 애의 솜씨가 놀랍구려."

다음 날 아침, 신사임당은 일찍 일어나 부모님께 아침 문안을 드리러 갔다.

"아버님 어머님, 밤새 안녕히 주무셨는지요?"

"오냐, 너도 잘 잤느냐?"

"예, 아버지."

"그렇지 않아도 네가 지어 준 옷이 마음에 들어 너를 불러 고마움을 표시하려고 했는데 마침 잘 왔구나. 고맙다."

"아버지께서 마음에 들어 하시니 저도 기쁩니다."

이처럼 재주도 많고 웃어른을 공경할 줄 아는 사임당을 아버지는 무척 대견스러워했다.

역사 속으로

사임당 호의 유래

신사임당의 사상과 인품을 가장 뚜렷하게 나타내는 것은 사임당이 사용한 호(본명이나 자 이외 쓰는 이름)에서도 알 수 있다.

사임(師任)이라는 말은 율곡 이이가 기록한 <외조부 진사 신공 행장기>에서도 어머니의 호를 사임으로 기록한 것으로 확인할 수 있다.

사임의 의미를 살펴보면 사(師)는 배우고 본받는다는 뜻이며 임(任)은 주나라 문왕의 어머니 태임(太任)을 뜻하는 것이다.

사임당은 역사상 가장 현명한 부인으로 이름 높은 주나라 문왕의 어머니 태임을 공경하며 본받는다는 의미로 사임을 아호로 정한 것이다.

훗날 강릉부사 윤종의는 사임당의 글씨에 붙여 이렇게 표현하였다.

'정성을 기울여 쓰신 부인의 필적은 참으로 그윽하고 고상하고 정결, 고요하도다. 부인께서 옛날 문왕의 어머니 태임을 본받

으시고자 하신 높은 뜻을 더더욱 느낄 수 있게 한다.'

또 율곡을 존경하는 다음의 어떤 글에서도 사임당에 대한 깊은 인품을 느낄 수 있다.

'선생께서 받으신 태교는 오직 어머니 사임당의 마음 하나로다. 당호(집의 이름)조차 고상토다. 태임을 배우시나니'

이처럼 태임이 태교에서부터 정성을 기울여 얻은 아들 문왕을 명군으로 길러낸 사실을 본받고자 사임당이란 호를 쓸 정도로 현명한 인품을 본받으려는 노력이 엿보인다.

신사임당과 남편 이원수

사임당은 19세 때인 1522년 세 살 위인 덕수 이씨 시조 돈수의 13대손인 이원수와 결혼하였다. 남편 이원수는 충무공 이순신 장군과 같은 덕수 이씨로 18촌 간이었다. 원래 이름은 난수였으나 후에 원수로 고쳤다고 한다.

남편 이원수는 일찍 아버지를 여의고 홀어머니 밑에서 성장한 관계로 학문이 별로 깊지 못하였던 것으로 전해지는데, 박식하

고 재주가 뛰어난 사임당이 많은 노력을 기울인 데 힘입어 늦게 입신양명의 길에 들어서 황해도 해주 수운판관에 이르게 되었다.

한편 신사임당이 남편 이원수가 당시 세도가였던 영의정 이기의 집에 출입하는 것을 보고 간곡히 만류하여 뒷날 을사사화를 면하게 된 것은 사임당의 냉철한 판단력과 강한 정의감을 알 수 있게 해 준다. 이처럼 선견지명이 있던 사임당이 남편에게 말했다. '만일 제가 죽더라도 재취를 취하지 마시기를 바랍니다. 이미 슬하에 4남 3녀가 있습니다. 그 애들만 성장하면 부러운 것이 없을것입니다.'라고 하였다.

여기서 재취란 아내가 죽은 뒤 새장가를 가는 것을 말하는데 신사임당은 남편이 새장가를 가면 자식들이 마음의 상처를 입을 것을 미리 걱정하였던 것이다.

하지만 신사임당의 우려 대로 남편 이원수는 사임당이 세상을 떠나자 젊은 후처인 권씨를 맞아 율곡 등이 생활에 큰 고충을 겪기도 했다.

혼인

사임당이 열여덟 살 되던 해였다. 그동안 언니는 혼인을 하였으며 외할아버지가 세상을 떠났다.

사임당은 언니를 대신해 어머니를 도와 집안일과 외할머니를 보살피는 일을 게을리하지 않았다. 하지만 외할머니의 노환은 점점 더해 갔다.

"외할머니, 어서 기운을 차리세요."

사임당은 외할머니에게 미음을 권하며 말했다.

"나는 이제 살날이 얼마 남지 않은 것 같구나. 우리 집에는 아들이 없으니 네가 부모를 잘 섬기거라."

"잘 알겠어요. 외할머니."

사임당이 정성껏 약을 달여 드렸으나 외할머니의 병세는 갈수록 악화하였다.

사임당의 정성 어린 간병에도 불구하고 얼마 후 외할머니는 끝내 세상을 떠나고 말았다. 어머니는 외할머니를 여읜 슬픔에 젖어 밥 한 술 뜨지 못하고 울기만 했다.

사임당은 외할머니의 죽음과 어머니의 슬픔을 보면서 많은 것을 느꼈다.

'사람의 삶과 죽음이란 과연 무엇인가……'

한편 장모가 위독하다는 연락을 받은 아버지 신명화는 강릉을 향해 부랴부랴 달려왔다.

"그래, 장모님은 어떠하시냐?"

"나리……, 큰마님께서는 이미 돌아가셨습니다."

장모의 마지막 순간을 지키지 못했다는 죄스러운 마음에 아버지는 그만 몸져 누워 버리고 말았다.

어머니와 사임당은 외할머니를 잃은 슬픔을 묻은 채 아

버지 간호에 힘썼다.

　아버지의 병세가 갈수록 심해지자 어머니는 뒷산으로 올라가 천지신명께 빌었다.

　"천지신명이시여, 도와주시옵소서! 저의 남편은 지금까지 참되고 바르게 살아 온 착한 분입니다. 아버님 상을 당했을 땐 무덤 옆에 움막을 짓고 3년을 지냈습니다. 또한 어머님을 모시느라고 저희는 16년 동안이나 헤어져 살아왔습니다. 더구나 어머니를 잃은 슬픔이 채 가시기도 전에 이렇듯 남편의 병세가 악화하기만 하니 어린 딸들과 어떻게 살아가라고 제게 이렇게 엄한 벌을 내리시는 것입니까? 저를 불쌍히 여기시옵고 병을 낫게 해 주옵소서."

　어머니는 품에서 은장도*를 꺼내 두 번째 손가락 둘째

은장도

은으로 만든 작은 칼로, 노리개의 일종이다. 남녀가 장도를 차는 풍습은 고려 후기에 시작되어 조선 시대에 일반화되었다. 조선 시대 여인들은 은장도를 패도라 하여 항상 몸에 지니고 다녀 장식과 호신용으로 사용했다. 큰 것이 15cm, 작은 것은 9cm 정도 된다.

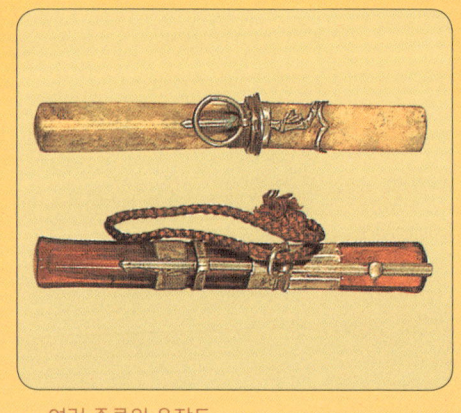

여러 종류의 은장도

마디를 베었다.

"이것으로라도 저의 정성을 거두어 주시옵소서."

어머니는 피가 흐르는 두 손을 맞대어 빌며 정성을 들여 간곡하게 기도드렸다. 어머니가 기도를 마치고 산에서 내려오자, 신기하게도 맑기만 하던 하늘에서 금세 굵은 빗줄기가 쏟아졌다.

'아니, 이게 웬일이지? 혹시 천지신명께서 굽어살펴 주시려는 게 아닐까.'

이렇게 생각하며 어머니는 집으로 돌아왔다. 그러자 그때까지도 의식을 차리지 못하던 아버지가 조금씩 정신을 차리기 시작했다.

사임당은 헝겊에 싸여 있는 어머니의 손가락이 붉게 물들어 있는 걸 보고 깜짝 놀랐다.

"아니, 어머니! 이게 어떻게 된 거예요?"

"조용히 해라. 아버지께서 지금 막 정신을 차리셨다. 어서 가서 물을 떠 오너라."

어머니는 신음하는 아버지를 지켜 보며 말했다.

"네, 어머니."

사임당은 어머니의 손가락을 쳐다보자 눈물이 나왔으나 곧 밖으로 나왔다. 어머니는 떠 온 물을 숟가락으로 떠 아버지 입에 흘려 넣어 주었다. 그러자 아버지는 아주 천천히 눈을 깜빡거렸다.

"으……음."

"아니? 나리……."

"아니, 부인! 손가락의 그 싸맨 상처는 어찌 된 거요?"

"기도를 드리느라 조금 상처를 냈을 뿐이에요."

"당신의 정성에 하늘이 감동했나 보구려."

다음 날부터 아버지의 병세는 차츰 쾌유되어 갔다. 어머니 이씨 부인의 정성은 바로 인근 마을까지 퍼져 듣는 사람들이 모두 탄복했다.

"우리 고을에 열녀가 났군요."

이 소문은 꼬리를 물고 퍼져 임금인 중종의 귀에까지 들어가게 되었다. 그리고 훗날 임금은 이곳에 이씨 부인을 기리는 열녀문이 세우라 명하게 되었다.

조선의 11대 왕 중종은 폭군 연산군의 뒤를 이어 왕위에 오른 임금으로 부패한 정치 풍토를 개혁하기 위해 인재를 등용하는 등 새로운 기풍을 조성한 왕이다.

열녀문도 나라에 새로운 풍토를 조성하기 위해 세워지게 된 것이었다.

어려서부터 학문과 글, 그림에 심취했던 사임당도 어느덧 혼기가 찼다. 마을에서는 신 진사(과거의 예비 시험인 소과에 합격한 사람) 댁 둘째 딸은 인물 좋고 덕행이 높으며 재주 또한 뛰어나 대갓집 며느릿감으로 그만이라는 소문이 나 있었다.

아버지도 혼기가 찬 딸을 생각해 그림과 글씨 등을 한성 본가에 가져가 선을 보였다.

한성에서도 사임당의 인품이 알려지자 곳곳에서 선이 들어왔다. 아버지는 그중에서도 대대로 벼슬을 해 온 선비 집안의 이원수라는 청년이 맘에 들어 딸과의 혼인을 승낙했다.

이원수는 당시 스물두 살의 청년으로 사임당보다 세 살 위였다. 아버지 신명화는 그가 비록 살림은 넉넉하지 않으나 세 살 때 아버지를 여의었으면서도 홀어머니 밑에서 성실하게 살아 온 점이 마음에 들었던 것이다.

이 소식을 들은 사임당은 혼인하는 기쁨보다 부모님의 곁을 떠나야 하는 슬픔에 휩싸였다.

'여자는 꼭 혼인을 해서 부모님 곁을 떠나야 하는 걸까? 혼인을 하지 않고 평생 부모님을 모시며 살면 안 될까?'

이렇게 생각하던 사임당은 잠시 후 고개를 저었다.

'아니야, 혼인을 해서 잘 살아야 부모님께서 기뻐하실 거야. 여자는 모름지기 어려서는 아버지를 따르고, 혼인해서는 남편을 따르며, 늙어서는 아들을 따라야 한다고 늘 어머니께서 가르치지 않았던가!'

혼인날이 가까워지자 사임당의 집은 이것저것 준비하느라 분주했다.

사임당은 옷과 이불을 만드는 것을 지켜 보며 한편으로는 설레기도 했다.

아버지와 어머니는 혼인을 앞둔 사임당을 안방으로 불렀다.

"며칠 후면 넌 이씨 가문의 며느리가 된다. 시집가서도 항상 몸가짐을 단정히 하고 시어른과 남편을 잘 섬겨야 한다."

"명심하겠습니다, 아버지."

어머니는 아들처럼 키운 사임당을 떠나보낼 것을 생각하니 서운한 마음이 앞섰다.

"저 아이를 시집보내고 나면 허전하기 이를 데 없을 텐데 앞으로 어떻게 하지요."

"그러게 말이오. 나도 마음이 잡히질 않는구려."

마침내 잔칫날이 되었다.

부엌에서는 잔치에 쓸 음식을 마련하느라 아낙네들이 분주히 움직였고, 마당은 신랑 신부를 보기 위해 몰려든 사람들과 집안 어른들로 가득 찼다.

사임당은 화관*을 쓰고 연지 곤지를 바르고 부축을 받으며 마당에 놓여진 초례상*으로 다가갔다.

사람들은 저마다 사임당의 아름다운 자태를 칭찬했고, 예의가 바른 새신랑에 대해서도 한마디씩 했다.

"신부 좀 보세요, 꼭 선녀님 같아요."

"얼굴뿐 아니라 맘씨도 고운 신부지요."

"빠지는 게 없는 신부래요. 학문 높고 효성 깊고, 바느질도 잘하는 그야말로 최고의 신부예요."

"신랑은 복도 많네요. 저런 신부를 맞아들이니……."

사람들이 신부를 칭찬하는 동안 사모관대를 차려입은 신랑은 신부를 찬찬히 살펴보며 흐뭇해했다.

동쪽에 선 신랑과 서쪽에 선 신부는 서로 절을 하고 합환

화관

대궐에서 의식이나 경사가 있을 때, 양반집에서는 혼례 때나 경사 때 머리에 쓴 관이다. 조금씩 달랐지만 대부분 5색 구슬로 장식하고 날갯짓 하는 나비 모양의 장식을 달았다. 비슷한 것으로 검은 비단으로 만든 족두리가 있다. 흔히 우리가 말하는 화려한 족두리는 화관을 말하는 것이다.

화관

주를 나누어 마셨다.

이윽고 혼례가 끝나고 마을 잔치가 벌어졌다. 잔치는 사흘 동안이나 계속되었다.

잔치가 끝나고 신 진사는 사위를 불렀다.

"이제 한성 본가로 가야 되지 않겠나?"

사위 이원수도 외아들로 홀어머니를 모시고 있는 처지라 본가로 돌아가는 것을 마냥 늦출 수는 없었다.

'장인어른이 서운해하실 테니 섣불리 가겠다고 대답할 수도 없고……. 이거 난처하게 됐구나.'

이원수는 조심스럽게 장인어른에게 언제쯤 돌아갔으면 좋겠느냐고 되물었다.

"자네에겐 염치없는 말이네만 지금껏 아들 삼아 키워 온

초례상

혼례 의식을 치르기 위해 신부 집에 차려 놓은 상. 붉은 보자기를 덮은 탁자를 말한다. 탁자 앞에는 배석을 깔고 대문까지 행보석을 편다. 안대청에는 촛대, 수탉과 암탉, 청홍실을 맨 잔·주전자·숟가락 등을 갖추고 밤·대추를 차린 상을 마련한다.

초례상 앞의 신랑 신부

딸을 떠나보내려 하니 쓸쓸해서 견딜 수가 없구먼……. 그래서 한성의 자네 집안 어른과 상의해서 당분간 우리와 살도록 했으면 좋겠는데 자네의 생각은 어떤가?"

"장인어른의 뜻이 정 그러시다면 제가 한성으로 돌아가 어머님께 잘 말씀드리겠습니다."

"그래 주겠는가? 정말 고맙네."

신 진사는 사위가 뜻을 받아들이자 아주 기뻐했다.

이원수는 사임당과 헤어지기 아쉬웠지만 발걸음을 떼어 혼자 한성으로 향했다.

친정에 남아 부모님을 모실 수 있게 된 사임당은 학문과 그림에 열중하였다.

그런데 결혼한 지 몇 달이 지나지 않은 겨울, 아버지의 몸이 갑자기 약해졌다. 그래서 어머니와 아버지는 아버지의 본가가 있는 한성으로 가서 약을 짓기로 했다.

그러나 한성으로 올라가던 도중 병이 더욱 악화하여 한성에 도착하자마자 아버지는 그만 세상을 뜨고 말았다.

남편을 잃은 어머니 이씨 부인의 슬픔은 말할 수 없이 컸다. 강릉에 있던 사임당도 그 소식을 듣자 그만 하늘이 무너지는 것만 같은 슬픔에 잠겼다.

"아버님, 편히 잠드십시오. 아버지께서 가르쳐 주신 대로 바르게 살겠습니다."

슬픔을 가슴에 묻고 아버지의 명복을 빈 사임당은 마음을 굳게 먹었다.

한성에서 장모를 도와 장례를 치른 후 남편 이원수는 강릉으로 돌아와 사임당을 위로했다.

"마음 많이 상했겠소."

이원수는 아내의 손을 잡으며 위로했다.

"저보다 어머니께서 더욱 마음이 아프실 거예요."

사임당은 믿고 의지하던 아버지가 돌아가셔서 마음이 아팠지만 그보다 어머니가 더욱 걱정스러웠다.

"어머니, 힘내세요."

사임당과 세 딸은 어머니 주위에 둘러앉아 슬픔에 잠긴 어머니를 위로했다.

　"오냐, 내 너희들을 위해서라도 힘을 내마."

　다행히 어머니는 딸들의 위로를 받고 기운을 차렸다. 사임당도 남편이 곁에 있어서 많은 의지가 되었다.

　얼마 후 한성으로 떠나려던 이원수는 사임당에게 아버지의 삼년상을 마치고 시댁으로 돌아와도 좋다고 했다. 사임당은 남편의 배려에 감격하여 눈물이 북받쳤다.

　어느덧 3년이란 세월이 훌쩍 지났다.

　어머니는 삼년상을 끝낸 사임당을 불러 앉혔다.

　"이제 네 아버지 삼년상도 마쳤으니 곧 시댁으로 떠날 채비를 하거라."

　"저마저 떠나면 어머님은 어떻게……."

　"내 걱정은 하지 말고, 가서 시어머님 봉양이나 잘하거라."

　"네, 어머님."

　마침내 한성으로 떠날 날이 다가오자 이원수는 부인과

동행하기 위해 강릉으로 왔다.

"부디, 안녕히 계십시오."

"먼 길 조심들 해서 가거라."

이원수와 사임당은 하직 인사를 하고 한성까지 7백 리(276km) 먼 길을 떠났다.

사임당은 혼인 후 3년이 지나서야 처음으로 한성 본가에 도착했다. 시어머니 홍씨 부인은 반갑게 사임당을 맞이했다.

사임당은 시댁에서도 친정에서처럼 정성을 다해 시어머니를 모셨다. 그리고 그해 9월 맏아들 선을 낳았다.

용꿈으로 얻은 신동, 현룡

사임당의 나이 스물다섯 살 되던 해였다. 그동안 한성에서 맏아들 선을 키우며 시어머니께 효도하고 남편을 지극정성으로 섬기던 사임당은 갈수록 강릉에 있는 어머니에 대한 그리움이 커졌다.

얼마 후 사임당이 친정어머니를 몹시 그리워하고 있다는 것을 안 시어머니는 아들 이원수를 불렀다.

"강릉에 좀 다녀오너라. 네 처가 가 보고 싶은 모양이다."

"그렇게 해도 되겠습니까?"

"내 걱정은 말고 잘 다녀오너라."

친정 나들이를 허락받은 사임당은 남편과 맏아들 선과 함께 길을 나섰다.

그 무렵 강릉에서는 신사임당의 어머니 이씨 부인의 정성을 기리라는 임금의 명에 따라 나라에서 열녀문을 세우고 온 마을에서 잔치를 벌이고 있었다. 마을 사람들은 모두 자기 일처럼 기뻐하였으며 이씨 부인의 덕행을 칭찬했다.

집에 도착한 사임당과 이원수도 이런 기쁜 소식을 접하자 반가운 마음을 금할 수 없었다.

"어머니!"

"정말 오래간만이구나. 그동안 잘 지냈느냐?"

"그럼요, 동생들도 모두 잘 있지요?"

사임당은 궁금했던 것들을 한꺼번에 쏟아 냈다.

"모두 잘 지내고 있단다."

어머니와 딸은 반가움의 눈물을 흘렸다.

그리고 며칠 뒤 사임당은 자신이 두 번째 아이를 가진 것을 알게 되었다.

"이왕 먼 길을 왔으니 친정에서 해산*이나 하고 떠나는 것이 어떻겠느냐?"

어머니는 딸에게 간곡히 권유하였으며 남편 이원수도 이를 허락하였다. 이에 사임당은 둘째를 낳을 때까지 강릉에 머물기로 했다.

어느 날, 남편 앞에 다소곳이 앉은 사임당은 이원수에게 장래에 관해 물어 보았다.

"외람된 말씀이나 서방님께서는 학문에 대해 어찌 생각하고 계시는가요?"

"나야 항상 학문을 갈고닦고 있지 않소."

이원수는 평소 선비 집안의 사람이라고는 하나 의지가 약해 학문을 열심히 닦지않고 허송세월만 보내 온 터라 벼

해산

아기를 임신한 여자가 아기를 낳는 것. 산모는 몸조리를 위해 적당한 휴식이 꼭 필요하며 음식물 섭취에 각별히 유의하여 건강을 회복해야 한다. 출산을 한 집에는 대문에 금줄을 치고 부정한 사람의 출입을 막는 풍습이 있다.

대문에 친 금줄

슬길에 나가지 못했다.

"앞으로도 계속 그렇게 지내실 건가요?"

평소 사임당의 지혜와 학문을 높이 생각하던 이원수는 부인의 따끔한 질문에 미안한 마음이 들었다.

"부인은 내가 어찌하면 좋을 것 같소?"

"서방님께서 10년 정도 저와 헤어져 있으면서 학업을 이룬 뒤 다시 만나는 것이 어떨까 합니다."

"부인의 뜻이 정 그러하다면 10년을 작정하고 학문에 전념해 보겠소."

이처럼 굳게 결심한 이원수는 부인을 처가에 남겨 두고 다시 한성으로 길을 떠나기로 했다.

그러나 남편 이원수는 막상 길을 떠났으나 앞으로의 일에 자신이 없었다.

'막상 10년 동안 부인의 얼굴을 못 본다고 생각하니 앞이 캄캄하구나. 어쩐다? 다시 돌아갈까? 그래! 다시 돌아가 부인 옆에서 열심히 학문을 쌓으면 되지, 뭐.'

날이 어두워질 무렵 한성으로 떠난 남편이 다시 집으로

돌아온 것을 본 사임당은 크게 실망했다.

"아니, 서방님! 왜 돌아오셨나요?"

"부인! 꼭 이렇게 헤어져서 공부해야 하오?"

"서방님께서 이렇게 약한 모습을 보이시면 어찌합니까?"

사임당은 가다 말고 돌아온 남편을 꾸짖었다. 그러자 이원수도 부끄러워하며 깊이 뉘우쳤다.

"알았소. 내일 다시 떠나겠소."

"부디, 아무 생각 마시고 공부에만 힘쓰세요."

다음날 다시 짐을 챙겨 한성을 향해 길을 떠나면서 이원수는 굳게 다짐했다.

'그래, 아내와 자식들에게 부끄럽지 않게 글공부를 마치고 당당해지리라.'

남편을 보내고 난 뒤 사임당은 뒤뜰을 거닐며 무정하게 보낸 남편을 생각하고 있었다.

'나를 원망하시지는 않으실까……'

전날보다도 마음을 굳게 먹은 이원수였으나

주막에서 혼자 밥을 먹고 길을 재촉하자니 자신의 처지가 한없이 처량하게만 느껴졌다.

주위를 둘러보니 멀리 초가지붕 너머로 저녁을 준비하는 연기가 모락모락 피어올랐다.

이원수는 갑자기 발걸음이 떨어지지 않았다.

'아무래도 안 되겠어. 다시 한 번 부인에게 같이 있자고 해 봐야지.'

마침내 이원수는 발걸음을 다시 처가 쪽으로 돌렸다. 힘없던 아까의 발걸음과는 달리 발걸음이 저절로 빨라졌다.

그러나 부인이 있는 처가에 다다르자 다시금 발걸음이 무거워졌다. 부인이 실망할 것이 걱정스러웠지만 이원수는 이왕 엎질러진 물이라고 생각하고 마당으로 들어섰다.

사임당은 다시 돌아온 남편을 보자 어이가 없었다. 그래서 남편과 마주 앉아 결판을 내겠다고 마음먹었다.

"저는 서방님이 이렇게까지 나약하신 줄 몰랐습니다. 저와의 약속도 약속이지만 사내대장부가 자신이 한 말을 그렇게 지키지 못하고서야 어찌 큰 일을 할 수 있겠습니까?"

남편을 꾸짖던 사임당은 갑자기 반느질고리에서 가위를 꺼내 들었다.

"저는 더 이상 서방님의 의지를 믿고 따를 수 없으니 머리를 깎고 절로 들어가렵니다."

사임당이 가위로 머리를 자르려 하자 놀란 이원수는 가위를 빼앗으며 다짐했다.

"부인! 내가 잘못했소. 다시는 이런 나약함을 보이지 않겠소. 그러니 어서 그 가위를 제자리에 넣으시오."

"서방님이 그렇게 마음을 잡으신다면 한 번만 더 기회를 드리겠습니다."

"알았소. 앞으로는 부끄럽지 않은 남편이 되겠소."

그 길로 발걸음을 돌려 한성으로 올라간 이원수는 열심히 학문을 갈고닦았다.

조금이라도 잡념이 생기거나 흔들릴 때는 부인의 비장한 각오를 떠올리며 참고 또 참았다.

그러던 중 사임당은 딸을 낳았다. 이름은 매창, 창가에 핀 매화라는 뜻이었다.

큰딸 매창은 자라면서 얼굴뿐 아니라 성품까지 어머니 사임당을 꼭 빼닮았다.

3년 공부를 마친 이원수는 강릉 처가로 돌아와, 사임당에게 자신의 고향인 파주 율곡리에 가서 살자고 했다. 사임당은 비록 10년은 채우지 못했지만 그동안 성숙해진 남편을 믿고 따르기로 했다.

사임당은 율곡리에서 둘째 아들과 둘째 딸을 낳았다.

사임당은 네 아이의 훌륭한 어머니로서, 또 남편의 어진 아내로서, 시어머니와 친정어머니에게 효성을 다하는 자식으로 해야 할 역할을 다하면서도 늘 자신의 공부를 게을리 하지 않았다.

매일매일 자신의 계획을 짜고 실천하여 사임당의 그림과 시, 서예 솜씨는 남다르게 빛나기 시작했다.

신사임당의 초충도.
조선 16세기 지본채색, 34×28.3cm
국립중앙박물관 소장

작품마다 깊이 있는 아름다움이 배어 있어 이를 보는 사람들의 칭찬이 끊이질 않았다. 이처럼 덕행을 쌓고 예술에까지 능한 것은 배우고 익힌 노력의 결과이기도 하지만 사임당에게는 천부적인 재능이 깃들여 있기도 했다. 원숙의 경지에 들어선 이때 사임당의 나이는 서른세 살이었다.

사임당이 친정에서 머물던 어느 날 밤 이상한 꿈을 꾸었다. 사임당이 혼자 푸른 물결이 출렁이는 동해에 이르렀는데 갑자기 바닷물이 갈라지며 아름다운 선녀가 나타났다.

선녀는 환한 미소를 지으며 다가와 백옥 같은 옥동자를 사임당의 품에 안겨 주고 하늘로 사라졌다.

잠에서 깨어난 사임당은 새벽빛이 밝아올 때까지도 꿈에서 본 아기의 모습이 생생하였다.

'태몽이로구나! 선녀가 직접 내 품에 아기를 안겨 주다니 이번 아기는 필시 예사 인물이 아닌가 보구나.'

사임당은 그날부터 태기를 보이기 시작했다.

남편도 사임당의 태몽 이야기를 듣고 필시 훌륭한 아이가 태어날 것이라고 예상했다.

다른 때보다도 더 태교에 힘쓴 사임당은 마침내 1536년 12월 26일 아들을 낳았다.

그런데 바로 그 전날 밤에도 또 이상한 꿈을 꾸었다.

사임당이 진통에 지쳐 어렴풋이 눈을 감고 있을 때, 문득 꿈속에서 커다란 검은 용 한 마리가 나타난 것이다.

검은 비늘에 금빛 테두리를 한 검은 용이 동해에서 불쑥 솟아나와 사임당이 누워 있는 방 안으로 스며들었다. 깜짝 놀라 잠에서 깬 신사임당은 필시 크게 될 아이임을 짐작했다.

이런 꿈으로 얻은 아들이라 이름을 '보일 현(見)'에 '용 용(龍)'자를 써서 현룡*이라 지었다.

현룡은 어려서부터 매우 영리하였다.

현룡의 외할머니 이씨 부인은 아직 말귀도 못 알아듣는 현룡에게 글을 읽어 주기도 하며 함께 놀았다.

현룡의 나이 다섯 살 때였다.

하루는 외할머니가 현룡을 데리고 뜰을 걷다가 문득 석류나무* 가지에 주렁주렁 매달린 석류 하나를 가리키며 물었다.

"이게 뭔지 아니?"

현룡

용꿈으로 태어났다고 해서 율곡 이이의 이름을 현룡이라 했다. 현룡이 태어난 방을 몽룡실이라 불렀는데 몽룡실은 강릉 오죽헌 안에 있다. 오죽헌은 '검은 대나무 집'이란 뜻에서 붙여진 이름으로 사임당의 강릉 집 뒤뜰에 검은 대나무가 무성하게 자라서 지어진 것이다.

검은 대나무인 오죽. 오죽헌이라는 이름은 검은 대나무를 뜻하는 오죽에서 유래된 것이다.

"예, 석류입니다."

"그래, 맞다. 석류를 보고 글을 지을 수 있겠느냐?"

한참 동안 석류를 들여다보던 현룡의 입에서 마침내 시 한 수가 흘러 나왔다.

"홍피 낭리 쇄 홍주."

"그게 무슨 뜻이냐?"

"붉은 껍질 속에 붉은 구슬을 머금고 있다는 뜻입니다."

다섯 살 짜리 아이가 지은 시라고 하기에는 매우 간결하면서도 적절한 표현이었다.

외할머니는 손자의 영특함에 감탄하며 꼬옥 껴안아 주었

석류나무

관상용 또는 약용으로 키우는데 원산지는 이란·아프가니스탄·히말라야이다. 5~6월에 붉은색 꽃이 피며 가지 끝에 1~5개씩 열매가 달린다. 열매 껍질은 설사나 이질에 효과가 있고 구충제로도 쓰인다. 열매 안에는 많은 종자가 들어 있어 다산을 상징한다.

석류나무의 꽃

다. 또 한 번은 현룡의 어머니 사임당이 갑자기 병이 나서 자리에 누워 있을 때의 일이다.

사임당은 저녁때가 되었는데도 아들 현룡이 보이지 않자 식구들에게 아들을 찾아보라고 했다.

현룡의 외할머니도 사방으로 손자를 찾아 헤맸다. 그러나 도무지 어디로 갔는지 알 수 없었다. 외할머니는 혹시나 해서 마지막으로 사당 문을 열어 보았다.

그런데 현룡이 거기에 무릎을 꿇고 앉아 있었다. 사당은 조상들의 혼령을 모신 곳으로 다른 아이들은 귀신 집이라고 하며 가까이 가지도 못했다.

거기서 꼼짝도 하지 않고 기도를 드리고 있는 현룡을 본 외할머니는 갑자기 코끝이 찡해 왔다.

"현룡아, 얘야."

외할머니가 부르는 소리에 뒤를 돌아본 현룡은 외할머니에게로 다가와서 다짜고짜 물었다.

"할머니, 어머니는 좀 어때요. 제가 조상님께

빌었으니 금방 나을 테지요?"

"그럼. 네 정성이 기특하구나."

외할머니는 현룡의 머리를 쓰다듬으며 사당을 함께 나와 사임당이 있는 방으로 갔다.

"어머니, 제가 병을 낫게 해 달라고 기도드리고 왔어요."

사임당이 감격해 아들의 손을 잡자 현룡은 바싹 다가앉았다.

"어머니, 정말 다 나으신 거지요?"

"그러엄……."

이와 같이 현룡은 어려서부터 총명하기도 했지만 효성 또한 지극했다.

현룡이 바로 조선 시대 충신이요, 대학자인 율곡 이이다. 율곡은 그가 살았던 율곡리에서 얻은 호이다.

이런 율곡이었기에 불과 열세 살에 진사 시험에서 장원 급제하는가 하면, 왜군이 쳐들어올 것을 미리 알고 군사 10만 명을 양성할 것을 주장하기도 했다.

이것은 물론 어머니 사임당이 몸소 실행하면서 보여 준 가르침에 힘입은 것이다.

"어른을 존경하고 부모에게 효도하며, 열심히 글을 배워 나라를 위해 훌륭한 일을 해야 한다."

항상 어머니 사임당은 자식들에게 이렇게 가르쳐 왔다.

율곡이 여섯 살이 되었을 때, 사임당은 자식들을 데리고 한성 시댁으로 떠나게 되었다.

푸른 동해의 물결과 아름다운 산천이 병풍처럼 둘러싸인 오죽헌에서의 생활을 사임당은 잊지 못할 것 같았다.

사임당은 다섯 남매와 함께 어쩌면 다시는 밟지 못할지도 모를 강릉 땅을 떠나며 어머니 이씨 부인과 작별했다. 그러나 늙은 어머니를 두고 떠나는 사임당의 마음은 편하지 않았다.

이씨 부인도 슬픔을 삼키며 동구 밖까지 나와 배웅하였다.

"할머니, 안녕히 계세요."

"오냐, 건강히 지내거라!"

"어머니, 그럼 이만……."

그런데 사임당은 이것이 어머니 이씨 부인과의 마지막이 될 줄을 예견하지 못했다.

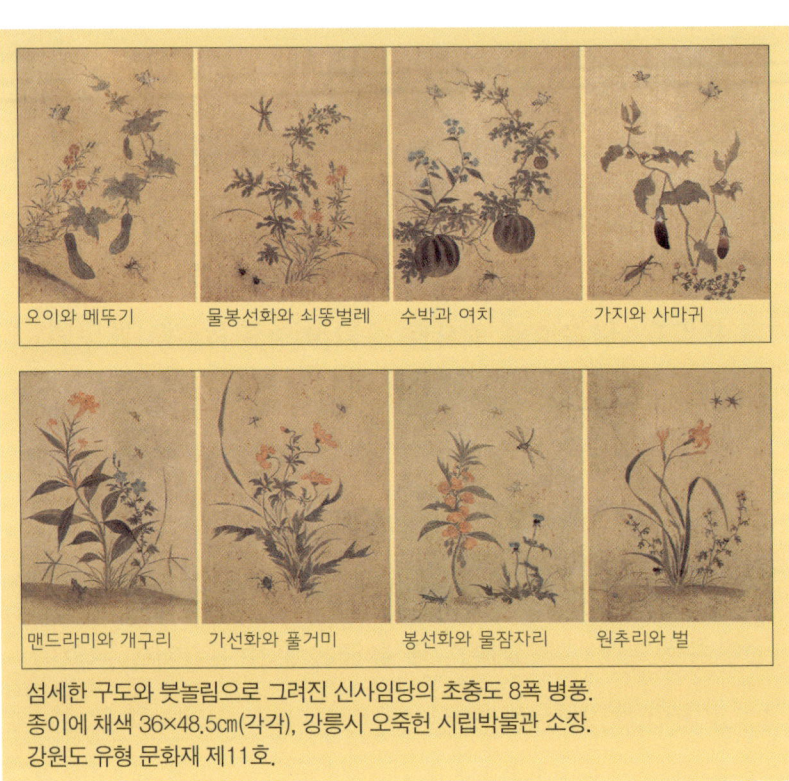

오이와 메뚜기 / 물봉선화와 쇠똥벌레 / 수박과 여치 / 가지와 사마귀
맨드라미와 개구리 / 가선화와 풀거미 / 봉선화와 물잠자리 / 원추리와 벌

섬세한 구도와 붓놀림으로 그려진 신사임당의 초충도 8폭 병풍.
종이에 채색 36×48.5cm(각각), 강릉시 오죽헌 시립박물관 소장.
강원도 유형 문화재 제11호.

역사 속으로

신사임당의 예술 세계

시

사임당은 학자의 집안에서 태어나 어려서부터 유교의 경전과 성현들의 문집을 열심히 읽어 시와 문장에 뛰어났으나 남은 작품은 2편의 시문과 1편의 낙귀뿐이다.

사임당이 율곡 이이가 6살 때 친정 강릉을 떠나 서울로 가는 길에 대관령에서 지은 시문과 서울에서 친정어머니를 기리며 지은 시문 그리고 낙귀 한절을 통해 사임당의 예술적 재능과 부모에 대한 효성을 느낄 수 있다.

밤마다 달을 대해 보옵는 말씀
사신제 다시 한 번 보이압고저

글씨

사임당의 글씨는 고상한 정신과 기백이 들어 있음은 물론 <

말발굽누에머리>라는 체법에 의한 본격적인 글씨로 알려져 있으며 한편의 해서와 유명한 초서 6폭 병풍, 한편의 초서와 4자의 전서가 남아 전한다.

그 가운데 해서는 종이에 먹으로 쓴 것인데 가로가 50cm 세로가 33cm이다.

초서 6폭

이 글씨는 종이에 먹으로 쓴 것인데 모두 6폭 병풍이다.

원래 강릉 최씨 가문에 보관되던 것을 지금은 문화재로 지정하여 오죽헌에서 보관중이다. 사임당의 글씨 가운데 대표작으로 전하는 것인데 내용은 6폭 모두 당나라 시인들의 유명한 절귀를 쓴 것이다.

그리고 초서 1폭과 전서 4자가 전하는데 이는 사임당이 모든 글씨체를 자유로이 쓸 수 있었다는 증거이다.

그림

신사임당의 그림은 풀벌레, 포도, 화조, 화초어죽, 매화, 난초, 산수 등이 주된 그림의 소재이다.

사임당의 그림에 후세의 시인, 학자들이 발문을 붙였는데 한결같이 칭송하기에 주저하지 않았다.

그림에 대한 여러 기록이 있는데 그중에 명종 때의 어숙권은 <패관잡기>에서 '신씨는 어려서부터 그림을 공부했는데 그의 포도와 산수는 절묘하여 평하는 이들이 안견의 다음에 간다고 한다. 어찌 부녀자의 그림이라 하여 경솔히 여길 것이며 또 어찌 부녀자에게 합당한 일이 아니라고 나무랄 수 있느냐.'라고 했다.

이처럼 여성으로서 덕행을 쌓는 동시에 예술에까지 능했다는 것은 배우고 익힌 노력의 결과이기도 하지만 천재적인 재능이 있었음을 짐작할 수 있다.

자녀 교육에 힘쓰는 신사임당

사임당은 한성으로 향하면서 자꾸 어머니가 살고 있는 강릉 쪽을 뒤돌아보았다. 멀리 구름 사이로 강릉 북평 마을만 보일 뿐 어머니 모습은 더 이상 보이지 않았다.

"어머니, 빨리 가요!"

아이들은 떠날 때와는 달리 도착하게 될 한성에 대한 기대감으로 사임당을 재촉하였다.

그런데 사임당은 못 들은 체하며 북쪽만 바라보았다.

"이곳이 예로부터 재가 험하여 구십구곡이라 일컫는 대

관령 고개이니라."

사임당은 묻지도 않은 질문에 그곳을 설명하며 발걸음을 늦췄다. 바로 아래에는 크고 작은 산들이 푸른 바다 위의 파도처럼 주름져 있었다.

그 아득한 파도 너머 초가집이 대여섯 채 보이는 자그마한 마을에서는 가물가물 저녁 연기가 피어오르고 있었다.

'늙으신 어머니를 두고 떠나야 한다니……. 이제 떠나면 언제 다시 돌아올까. 아들로 태어나지 못한 게 한스럽구나.'

사임당은 슬픔에 잠겨 시를 한 수 읊었다.

늙으신 어머님을 고향에 두고
외로이 한성 길을 떠나는 마음.
돌아보니 북평촌은 아득도 한데
흰 구름만 저문 산을 날아 내리네.

이 시 <대관령을 넘으며 친정을 바라본다>에는 효성어

린 딸 사임당의 애타는 심정이 잘 나타나 있다.

사임당과 아이들은 험한 산을 넘어 드디어 보름 만에 한성에 도착하였다.

한성 수진방(지금의 수송동, 청진동)이란 곳에 자리를 잡은 사임당은 집안 살림을 하고 자녀들을 가르치면서도 강릉에 있는 어머니 생각에 눈물짓는 때가 많았다.

출가하면 남이라는 엄격한 풍습이 있었던 그 시절에 이미 다섯 남매를 낳아 기르던 사임당이었음에도 불구하고 친정어머니를 그리워하는 마음은 언제 어디서나 한결같았다.

사임당은 곁에서 어머니를 끝까지 지켜 주지 못하는 심정을 시를 써서 그 아쉬움을 달랬다.

산 첩첩 내 고향은 천리언마는
자나깨나 꿈속에도 돌아가고파
한송정 가에는 외로이 뜬 달
경포대 앞에는 한 줄기 바람

갈매기는 모래톱에 모였다 흩어지고

고깃배들 바다 위로 오고 가리니

언제나 강릉길 다시 밟아 가

색동옷 입고 앉아 바느질할꼬.

 이 시는 사임당이 강릉을 못 잊어서 쓴 <어머님 그리워>라는 것이다.

 눈 감으면 떠오르는 경포대와 푸른 동해 물결, 그리운 언니와 동생들, 잊지 못할 어머니에 대한 애틋함 등 가족에 대한 그리움이 가득 서려 있다.

 율곡도 사임당을 옆에서 바라보며 훗날 어머니에 대한 글을 남겼는데 한 구절을 보면 다음과 같이 눈물로 밤을 지새울 정도로 친정에 대한 그리움이 묻어난다.

 다음은 율곡이 남긴 글이다.

 어머니께서는 평소에 늘 강릉의 친정을 생각하셨다. 조용한 밤이면 남몰래 눈물을 흘리셨고, 때로는 밤을 꼬박

새우는 일도 있으셨다.

　또 사임당이 친정어머니를 생각하며 지은 <낙구>라는 시는 율곡의 《어머님 행장기》중에 나타나 있는데 안타깝게도 한 구절만 전해 내려오고 있다.

　　밤마다 달님 향해 비옵는 말씀
　　사실 제 다시 한 번 뵙고저. . .

　어느 날 친척뻘 되는 여인이 집에 와서 거문고를 탔다.
　"흑흑……. 거문고 타는 소리를 들으니 강릉에 계신 어머님 생각이 더욱 간절하구나. 흑흑, 어머니!"
　이것을 본 집안 사람들은 사임당의 마음을 헤아리고 모두 사임당을 위로하였다고 한다.
　사임당은 강릉에 계신 어머님에 대한 그리움의 정을 그림과 글씨를 통해 풀어냈다.
　사임당의 글씨체에는 고상한 품위가 깃들어 있었

부드러운 곡선을 자랑하는 섬세함이 그대로 드러난 〈전서〉. 개인소장

고, 세월이 흐를수록 사임당만의 독특한 글씨체를 갖추게 되었다.

사임당은 아이들에게 사서삼경과 서예, 그림을 가르쳤으며 딸들에게는 바느질, 자수도 가르쳤다. 아이들도 자애로운 사임당을 믿고 따랐다.

사임당의 일곱 남매는 어머니의 따뜻한 사랑과 엄격한 교육 덕분으로 모두 훌륭하게 자랐다. 그중에서도 율곡은 남달리 효성이 지극하고 우애가 깊었으며 학문 또한 빠르고 쉽게 익혔다. 한성에 올라온 지 1년쯤 지날 무렵, 일곱 살이 된 율곡은 자신이 쓴 글을 들고 사임당에게 갔다.

"어머니, 제 글을 한 번 읽어 봐 주세요."

사임당은 일곱 살밖에 안 된 율곡이 나름대로 글공부를 열심히 해 온 것은 알았지만 이렇게 글을 지어 보일 정도일 줄은 꿈에도 생각하지 못했다.

"네가 정말 글을 지었느냐?"

"네, 어머니."

"무슨 글이더냐?"

"이웃 마을에 사는 진복창이란 사람에 대한 글입니다."

사임당은 율곡의 글을 읽기 시작했다.

군자는 덕을 안으로 쌓기 때문에 늘 평온하지만, 소인은 악한 것을 안으로 쌓기 때문에 그 마음이 늘 편안하지 않은 법입니다. 제가 진복창의 사람됨을 보니, 속으로는 평온치 않은 생각을 품고 겉으로는 평온한 체하는 것 같습니다. 이런 사람이 뜻을 얻어 권세를 쥐게 되면 그때의 재난이 참으로 헤아리기 어려울 것입니다.

율곡이 쓴 진복창이란 사람은 권문 세도가로 문장이 뛰

어나고 글씨도 잘 썼지만 사람됨이 간사하고 음험한 인물로 소문이 나 있었다.

　어린 율곡은 진복창을 소인으로 평가하여 겉으로는 평온한 체하지만 속으로는 늘 마음에 심술궂은 생각을 품는 위험한 벼슬아치로 그린 것이다.

　사임당은 율곡이 벌써부터 의와 불의를 구별하는 안목을 가진 것에 대해 놀랐다. 또한 율곡이 자신의 가르침에 따라 사리에 밝고 훌륭한 아이로 자라나는 것이 무척 대견스러웠다.

"글이 훌륭하구나."

　율곡은 칭찬을 듣자 더욱 용기가 났다.

"어머니, 앞으로도 열심히 글을 지을게요."

　사임당은 아이들뿐만 아니라 남편에게도 항상 분에 넘치지 않는 옳은 길을 걷도록 권했다.

　하지만 남편 이원수는 당시 영의정이던 이기라는 사람을 자주 찾아다녔다. 이기와는 종숙과 조카라는 관계도 있었으나 이원수는 벼슬자리를 구하기 위해

그랬던 것이다.

사임당은 그런 남편의 마음을 돌이키기 위해 자신의 의견을 말했다.

"그분은 마음이 어질지 못한 양반이니 그 댁에 출입하지 않는 게 좋겠어요."

"아니, 그게 무슨 말이오?"

"그처럼 어진 사람들을 해치고 권세를 탐한 사람은 언젠가는 화를 입게 됩니다."

"부인, 모르시는 말씀이오. 그분의 권세를 누가 감히 꺾는단 말이오."

"오르막이 있으면 반드시 내리막이 있는 법입니다. 공자님도 바른 길에서 얻은 것이 아니라면 그것이 아무리 귀하고 높은 것이라도 뜬구름과 같다고 하셨습니다."

사임당의 사리에 맞는 말에 이원수는 더 이상 이기의 집에 출입하지 않았다.

그 후로 이기는 사임당의 말대로 많은 선비를 죽였다. 그러고 나서 자신도 급사하게 되었는데 이때야 비로소 이원수는 부인의 말이 옳았다는 것을 깨닫게 되었다.

이것은 사임당의 학문과 인격과 선견지명의 모습을 보여 주는 좋은 예이다.

얼마 후 이원수는 수운 판관이라는 자리에 올랐다. 수운 판관이란 지방으로부터 거두어들인 곡식을 배로 실어 나르는 일을 맡아 보는 벼슬로 이원수가 능력껏 오른 벼슬자리였다.

"모두 당신 덕분이오."

이원수는 이 기쁨을 옆에서 기다려 주고 옳지 못한 길을 가지 못하게 한 사임당의 공으로 돌렸다.

"별 말씀을 다하십니다. 당신이 노력하신 덕분이지요."

남편이 뒤늦게나마 벼슬길에 오르자 사임당은 무척 기뻤다.

이원수는 곡식을 거둬들이기 위해 지방으로 출장을 다니기 시작했다. 집안일은 사임당이 알아서 척척 해 주고 있어 큰 걱정이 없었으나 고생만 하는 아내를 두고 먼 길을 가는 것이 마음에 걸렸다.

그러던 어느 날 이원수가 평안도 지방의 세곡미를 거둬들이기 위해 집을 나설 때였다.

"외람된 말씀이오나 어젯밤 꿈자리가 뒤숭숭하다 보니 앞날에 대해 생각하지 않을 수 없군요. 혹시라도 제가 죽거들랑 새 장가는 들지 않으셨으면 합니다. 이미 4남 3녀가 있습니다. 그 애들만 성장하면 부러운 것이 없을 것입니다."

그러고 나서 사임당은 중국 주자의 얘기를 꺼냈다.

"주자가 부인을 잃은 것은 맏아들이 장가들기 전입니다. 집안 살림을 맡을 사람이 없었지만, 새 장가를 들지 않아 자식들을 훌륭하게 키웠답니다."

"내참, 갑자기 무슨 소린지 모르겠구려. 하지만 부인의 말은 깊이 새겨 두겠소. 그럼, 내 다녀오리다."

사임당은 남편을 따라 나가 배웅을 했지만 의지가 약한 남편을 생각하니 안심이 되지 않았다.

사임당의 이런 걱정은 훗날 자신이 죽은 다음 자식들에게 누를 끼칠까 염려스러웠기 때문이었다.

그러나 이원수는 사임당의 당부를 잊어버리고 사임당이 세상을 떠난 뒤 권씨라는 여자를 맞아들이게 된다.

사임당의 걱정대로 훗날, 이 권씨 때문에 자식들과 아버지의 관계가 좋지 않게 된다.

사임당이 앞날을 꿰뚫어 남편에게 한 말이었으나 이원수는 새 장가를 가지 말라는 약속을 지키지 못했던 것이다.

이원수가 평안도로 나라일을 맡아 보기 위해 길을 떠날 때는 항상 첫째 아들 선과 셋째 아들 율곡이 따라나섰다.

"너희들이 아버님을 잘 모시고 보살펴 드려라!"

"예, 어머니. 그동안 몸 건강히 계십시오."

여태껏 살아오면서 사임당은 남편과 떨어져 지내기를 수없이 해 왔건만, 어쩐지 이번만은 허전한 마음과 불길함을 떨칠 수가 없었다.

'내가 몸이 쇠약해졌나. 이렇듯 나약한 생각만 드니. 별 일이야 없을 테지. 아직 다 자라지 못한 아이들이 있는데……'

사임당은 남아 있는 자식들을 생각했다.

사임당의 슬하에 있던 7남매는 모두 착하고 행실이 바르며 훌륭하게 자라고 있었다.

맏아들 선을 비롯하여 둘째 아들 번, 셋째 아들 율곡, 넷째 아들 옥산, 맏딸 매창, 윤섭의 부인이 된 둘째 딸과 홍천우의 부인이 된 셋째 딸은 어머니의 가르침을 한 번도 거스르지 않았다.

남편에 대해 어진 아내였던 사임당은 어린 자녀들에게도 그에 못지않게 좋은 어머니였다. 항상 옛날 위인의 행실을 들려주고, 학문을 가르치는 한편 형제의 우애를 강조하였다.

그리하여 욕설은 절대로 입 밖에 내지 못하게 하였으며, 언제나 곧은 마음씨와 행동을 지니도록 가르쳤다.

또한 자식들에게 부모에 대한 효성을 강조하고 자기 스스로 모범을 보였다.

"부모의 은혜를 모르면 일개 까마귀만도 못한 사람이다. 까마귀는 어릴 때 먹이를 주던 어미의 은혜를 잊지 않고,

훗날 늙어서 거동이 불편해진 어미에게 먹이를 물어다 봉양한다. 자기 부모에게조차 불효하는 사람은 세상 그 누구에게도 충실하지 못할뿐더러 자신에게도 충실하지 못한 사람이 되는 것이니라."

 사임당은 사서오경을 통달하여 높은 학문에 이르렀으며, 공자와 맹자의 가르침에 깊게 젖어 있었다. 또한 주자 학설에도 관심이 많았으며, 자녀 교육에서도 몸소 실천하며 가르침에 엄격하였다.

 다음은 사임당이 7남매에게 우애를 강조한 것을 보고 듣고 배워 몸에 익힌 이율곡이 《격몽요결》에 쓴 우애에 대한 이야기이다. 사임당이 평생 가르쳤던 자녀 교육관이 그대로 살아 있는 이율곡의 글귀라 할 수 있다.

 형제는 부모로부터 몸을 함께 물려받았다. 따라서 모두 한 몸이다. 그러므로 형제끼리 간격을 두어서는 안 된다. 음식과 입는 옷에서 네 것 내 것이 따로 없으며, 모두 함께 하여야 할 것이다. 가령 형은 굶주리고 아우만 배가 부르

다거나, 형은 따뜻한데 아우는 추위에 떤다면, 이것은 마치 한 몸의 두 팔과 두 다리 중 어느 한쪽은 병들고 어느 한쪽만 튼튼한 것과 마찬가지이다. 그런 사람이 어찌 몸과 마음이 편하다고 말하겠는가?

지금 사람들이 형제간에 서로 우애가 깊지 못하고 사랑하지 않는 것은, 따져보면 자기 부모를 공경하고 사랑하지 않았기 때문에 생긴 일이다. 만일 사람이 자기 부모를 진심으로 사랑하고 마음 깊이 받든다면, 어찌 그 부모가 낳은 자식을 사랑하지 않겠는가? 만일 어떤 형제가 착하지 못한 행동을 취했을 경우, 간곡하게 타이르고 이치로 깨우쳐서 기어이 깨달아 감동하도록 해야 할 것이다. 그렇지 않고 감정적으로 대한다면 형제간의 화목을 그르치게 된다.

사임당은 평소에 공자의 말을 인용해 자녀들을 가르쳤다.

하루는 사임당이 7남매를 모두 모아 앉혀 놓고 사람 살아가는 것 중에 중요한 것이 무엇인가를 깨우치는 질문에 답하는 시간을 가졌다.

"선아, 넌 배우는 사람이 가장 중요하게 여겨야 할 것이 뭐라고 생각하느냐?"

"예, 우선 의로움과 이로움을 구별하여 의로움을 따르는 것입니다."

"옳다. 자기의 이익을 바라지 않고 의로운 행동을 하다 보면 저절로 믿음을 얻게 되느니라. 비록 굶주리더라도 결코 올바르지 못한 행동을 해서는 안 된다. 알겠느냐?"

"예."

"매창아! 넌 무엇이 사람에게 가장 소중하다고 생각하느냐?"

"마음에 참됨이 없으면 모든 일이 헛된 것입니다."

"왜 그런 것이냐?"

"진실하고 성실해야만 뿌리가 튼튼한 것이기 때문입니다."

"그래, 정말 훌륭한 대답이다."

"그러면 부부간에 지켜야 할 도리가 무엇인지 누

가 한번 대답해 보아라."

"예, 서로 예로써 공경하는 마음을 가지는 것입니다."

"그 이유가 무엇이냐?"

"예로써 공경하다 보면 감정에 치우치지 않고 의로써 화목할 수 있기 때문입니다."

"그래, 옳은 말이다."

"우야, 너는 자식이 부모를 섬김에 있어 제일 중요한 것이 무엇이라 생각하느냐?"

"예, 어머니. 그것은 바로 부모님의 뜻을 받드는 것이라 하겠습니다."

"어째서 그렇게 생각하느냐?"

"예로부터 부모는 군사부일체라 하여 임금과 같이 우러러 모실 분이라 하였습니다. 그 은혜가 하늘만큼 높고 바다만큼 넓어 부모의 뜻을 받드는 것이야말로 효의 첫걸음이라 생각합니다."

"모두 옳다. 사람은 친구와 신의를 생각해야 하고 진실하게 살며, 불의를 따르지 말 것이며, 부모를 공경하고 부부간에도 가벼이 여기지 않으며, 자식에게 모범을 보이고 살아야 하느니라."

"잘 알겠습니다."

글씨와 그림에 능하고 이토록 자녀 교육에도 모범을 보인 사임당의 노력으로 7남매는 모두 훌륭하게 자라났다.

그중에서도 맏딸 매창은 '작은 사임당'이라고 일컬어질 만큼 사임당의 예술에 대한 재주를 그대로 이어받았다. 게다가 마음이 곧고 생각이 깊을 뿐 아니라 지혜가 있어, 동생들도 매창을 존경하며 따랐다.

또한 매창은 <달과 매화>, <참새와 대나

신사임당의 맏딸 매창이 그린 매화도

신사임당의 맏딸 매창이 그린 〈참새〉

무>라는 뛰어난 묵화를 남겼는데, 오늘날까지 전해져 그 실력을 인정받고 있다.

 율곡은 아홉 차례나 장원에 급제할 만큼 학식이 높아 많은 벼슬을 했으며, 평생을 학문에 바친 대학자가 되었다.

 율곡이 거쳤던 벼슬로는 사헌부 대사헌, 예문관 대제학, 호조·이조·형조·병조 판서 등이었다.

 호가 옥산인 막내아들 우도 어머니를 그대로 닮아 시, 그림, 서도에 이름을 떨치고 거문고에도 뛰어난 실력을 갖춰 4절이라 불리었다.

 특히 옥산의 흘림 글씨는 정교하고 힘이 넘쳐 우암 송시열*로부터 칭찬을 받기도 했다.

"옥산의 글씨는 보석보다 더 귀하다. 과연 옥산은 당대의 명필이로다!"

그는 작은 깨알 위에 글씨를 쓰고 콩알 양편에 시 한 구절을 적어도 필법이 조금도 흐트러지지 않을 만큼 글씨를 잘 썼다고 한다.

옥산은 벼슬에도 나아가 사헌부 감찰, 상의원 판관, 괴산 군수 등 여러 자리를 두루 거쳤다.

옥산은 형 율곡 못지않게 인품이 훌륭해 백성들이 많이 따르기도 했다.

"나리 덕분에 올해도 풍년이옵니다."

"모두가 피땀 흘린 덕분이지요."

송시열 (1607~1689)

조선 시대 정치가, 학자. 호는 우암. 주자학의 대가이며 당시 서인의 우두머리로 남인과 대립했다.
한때 남인에게 밀려나기도 했으나 다시 정계에 복귀했는데 1689년 세자 책봉 문제로 숙종의 노여움을 사 귀양 가서 사약을 받고 죽었다.

우암 송시열의 초상

신사임당의 넷째 아들 이우의 〈산수도〉

옥산이 어떤 고을 군수로 있을 때였다. 그는 어진 정치를 베풀어 백성들 사이에 신망이 두터웠다. 마침내 임기가 모두 끝나고 떠날 무렵이 되었다. 그런데 마을 백성들이 옥산

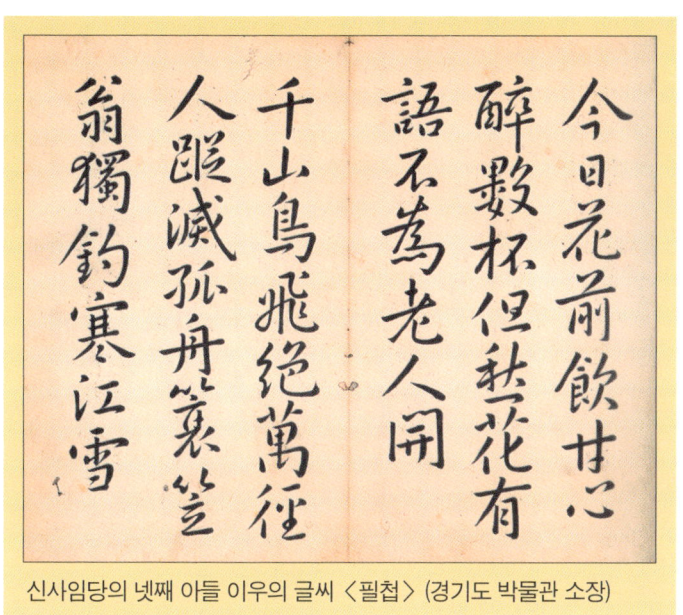

신사임당의 넷째 아들 이우의 글씨 〈필첩〉 (경기도 박물관 소장)

을 찾아와 이렇게 간청하였다.

"나리, 제발 우리 고을에 더 있어 주십시오."

그리하여 옥산은 결국 임기가 끝나고도 7년이나 더 그 고을에 머물렀다고 한다.

역사 속으로

사임당이 후세에 미친 영향

신사임당은 오늘날까지 뛰어난 예술인으로서, 현명한 어머니로서, 효성이 지극한 딸로서, 성심껏 남편을 내조한 아내로서 최고의 여성상으로 존경받고 있다. 또한 남편에 의존하는 유교적 여성상에서 벗어나 독립된 인간으로서의 생활을 스스로 개척한 여성이기도 하다. 이러한 사임당이 후세에 남긴 훌륭한 정신을 보면 다음과 같다.

효의 정신

사임당은 백행(百行)의 근본이라고 하는 효의 사상을 몸소 실천하여 가르쳤다. "내 부모를 먼저 섬기라."라고 하였고, 부모와 자식간의 관계를 천륜(天倫)의 사이라고 했다. 또한 사임당은 자녀 교육에서 특히 효에 관하여서는 매우 엄격했으며, 가르침을 받은 것은 반드시 실천하도록 했다.

형제 우애의 정신

사임당은 《논어》의 "형우(兄友) 제공(弟恭)하면 이이(怡怡)하리라."는 예를 자주 들어 7남매가 서로 우애를 갖고 지내라고 가르쳤다. 즉 "형 된 자가 아우를 우애로써 대하고 아우 된 자가 형을 공손하게 공경하면 즐겁고 기쁨이 넘칠 것이다."라는 뜻이다.

뜻을 세우는 정신

사임당은 자녀들에게 "뜻을 품은 자는 이루지 못할 일이 없다.", "모든 일이 뜻을 세우는 데서부터 시작된다.", "뜻이 있는 자에게만이 학문이 탄생하고, 덕이 탄생하고, 공(功)이 탄생한다."라고 가르쳤다.

사임당에게 교육을 받은 이이 역시 《자경문》과 《격몽요결》에서 "먼저 뜻을 세워 성인(聖人)을 거울처럼 목표로 삼고 털끝만치라도 성인에게 미치지 못하면 내 일은 절대 끝나지 않을 것이다."라고 하며 입지(立志)를 강조했다.

부부간의 정신

공자는 부부지간에 서로 예로써 대하여 공경하라고 했다. 그리고 아내 된 자는 현모양처 되기를 힘쓰라고 가르쳤다. 이에 사임당은 주 문왕의 어머니인 태임 부인을 거울로 삼아 현명한 어머니, 효성스럽고 착하고 덕성 있는 아내가 되고자 노력하였다.

성실, 신의의 정신

사임당은 자녀들에게 "참되고 진실하게 부모, 형제, 부부, 친척, 이웃들과 살아가야 한다."라고 가르쳤다. 또한 "인간관계가 성실치 못하면 곧 불신을 당하여 배척당할 것이요, 배척을 당하면 곧 불행이 시작될 것이니 성실과 진실로써 남과 사귀면 반드시 신임을 얻어 그에 대한 보답이 돌아온다."라고 가르쳤다.

예술의 경지에 오른 신사임당

사임당은 자식들을 훌륭히 키워 내면서도 타고난 예술적 소질을 갈고닦아 이웃 고을에까지 명성이 자자했다.

사임당이 강릉에 머물 때의 일이다.

사임당이 이웃집 잔치에 초대되어 갔는데 마을의 부인네들이 모두 모여 재담을 나누고 있었다.

사임당은 한쪽에 가만히 앉아 얘기를 듣고 있었는데 갑자기 그릇 엎어지는 소리와 함께 한 부인의 비명 소리가 들려왔다.

"아이고, 내 비단 치마가 엉망이 되어 버렸으니 이를 어쩌면 좋아."

음식을 나르던 하인이 넘어지는 바람에 그만 그 부인의 치마에다 음식물을 쏟은 것이었다.

"이 옷은 잔치에 오려고 이웃집에서 빌려 입은 것인데 어쩌면 좋아."

그 부인은 걱정스럽게 치마를 쳐다보며 한탄하고 있었다. 이를 본 사임당은 딱하기도 하여 말을 건넸다.

"그 치마를 벗어서 제게 줘 보세요."

사람들은 영문을 몰라 어리둥절하여 사임당만 쳐다보았다.

"어떻게 하시려고 그러세요?"

"제가 그림을 좀 그릴 줄 아니 얼룩이 묻은 곳을 이용하여 그림을 그려 볼까 합니다."

그 부인은 멈칫거리다 치마를 벗어 주었다.

사임당은 하인에게 붓과 벼루를 가져다 달라고

〈포도도〉
신사임당이 포도를 소재로 그린 수묵화이다.
선문대학교 박물관 소장

했다.

하인이 얼른 벼루와 먹을 가져오자 사임당은 그 자리에서 그림을 그리기 시작했다.

사임당은 포도송이와 싱싱한 잎사귀들을 치마폭에 담았다.

이를 지켜보던 사람들의 입에서는 감탄이 쏟아졌다.

"정말 포도 같구먼."

"대단한 그림 솜씨야."

"저 부인이 유명한 신사임당이래요."

그림을 다 그린 사임당은 치마를 부인에게 돌려주며 장에다 내다 팔면 새 비단 치마를 살 수 있을 거라고 말해 주었다.

다음날 장에 치마를 내놓자마자 어느 대갓집 부인네가 신기하게 여기며 사 갔다.

"부인, 그 치마를 이렇게 많은 돈을 받고 팔았습니다."

"아유, 참 잘된 일이군요."

"부인께 감사의 표시로 이 돈을 좀 드리고 싶은데……."

"아니에요. 대가를 바라고 한 일이 아닙니다."

이 일로 인해 사임당의 뛰어난 그림 솜씨는 더욱 널리 알려지게 되었다.

한때 율곡의 스승이기도 했고, 시평과 시론에 뛰어났던 명종 때의 학자 어숙권은 그가 엮은 《패관잡기》라는 책에 사임당의 그림 솜씨에 대해 이러한 평을 적었다.

신씨는 어려서부터 그림을 공부했는데 그의 포도와 산수는 절묘하여, 평하는 이들이 안견에 버금간다고 할 정도였다. 어찌 부녀자의 그림이라 하여 경솔히 여길 것이며, 또 어찌 부녀자에게 마땅한 일이 아니라고 나무랄 수 있으랴!

또 숙종 때 산수화와 인물화에 능했던 송시열의 제자 김진규가 사임당의 풀벌레 그림첩에 붙인 글을 보아도 사임당의 화법이 어떠했는가를 잘 알 수 있다.

그림을 살펴보건대, 단지 채색만 쓰고 먹으로 그린 것이 아니라 저 옛날 무골법과 같은 것이다. 벌레, 나비, 꽃, 오이 따위는 그 모양이 똑같을 뿐만 아니라, 그 빼어나고 맑은 기운이 산뜻하여 살아 움직이는 것 같아 붓이나 핥고 먹이나 빠는 저속한 화가 따위는 감히 따르지 못할 경지에 이르렀다.

《옥고재집》을 남긴 숙종 때의 문장가 송상기의 발문에는 신사임당의 그림 솜씨를 알게 해 주는 일화를 실었다.

지루한 장마 끝에 사임당이 풀벌레가 그려진 그림을 햇볕에 말리기 위해 마루 한쪽에 내다 놓았더니,

닭이 와서 쪼아 종이가 뚫어질 뻔했다는 소문이 났다고 한다. 이런 이야기를 들은 나는 이야기를 진실로 믿지 못했으나, 훗날 직접 사임당의 그림을 보게 되었는데 정말 그 일화가 거짓이 아니었음을 깨달았다.

이처럼 사임당의 그림 솜씨를 두고 칭찬이 자자했다.
또 같은 시대를 살았던 《서암집》을 지은 신정하는 사임당의 그림에 대해 '한 폭의 산수화 그림은 마치 한 편의 아름다운 시'라고 칭찬했다.

그윽한 봄바람처럼 한 점 한 점 찍어 놓은 것들은 하늘의 조화를 빼앗은 듯하고, 그림 속에 시를 지어 노래를 읊었구나. 전해 내려오기 2백 년 먹빛은 변했건만, 정신은 한 폭의 시일레라.

이처럼 이름 높은 학자들로부터 아낌없는 찬사를 받은 그림 솜씨 못지않게 글씨에도 능해 명필로 이름이 높았다.

〈이곡산수병〉
물안개가 피는 저녁 무렵, 배에서 내린 나그네의 쓸쓸한 마음을
그림으로 나타냈다. 비단에 수묵, 63.3×35㎝, 국립중앙박물관 소장

　지금도 강릉 오죽헌에는 사임당의 글씨를 본떠 만든 판각이 보관되어 있을 정도로 사임당의 글씨는 유명하다.

그 판각은 고종 6년(1869년)에 강릉 부사 윤종의가 사임당의 보물 같은 글씨를 잃을까 염려하여 원본과 똑같이 본을 떠서 새긴 것이라 한다. 강릉 부사 윤종의는 "사임당의 글씨는 정성이 들어가 있어 그윽하고 고상하며, 정결하고 고요하며, 더욱이 부인께서 옛날 문왕의 어머니 태임의 덕을 본뜬 것임을 알 수 있다."고 칭찬하였다.

또한 대학자 윤종섭은 사임당의 글씨를 가리켜 다음과 같이 칭찬했다.

한 초서 글씨 오래된 종이로군!
구름같이 체를 변해 붓 솜씨 찬란하네.

학식이 높을 뿐 아니라 이처럼 그림과 글씨에 재능이 풍부하여 감히 따라올 사람이 없었던 사임당은 남편 이원수가 수운 판관이 되어 수진방에서 삼청동*으로 옮겨 와 살면서부터는 차츰 예술 활동을 하지 못하게 되었다.

큰살림을 꾸려 나가랴, 남편과 자식들 뒷바라지에 힘쓰

랴 너무 지쳐 있었기 때문이다.

　사임당은 차츰 식욕을 잃고 때론 현기증까지 일으키곤 했다. 이런 가운데 남편 이원수와 아들 선과 율곡을 평안도로 떠나보낸 후 신사임당의 몸은 더 쇠약해졌다.

　사임당은 어느 날 문득 멀리 떨어져 있는 남편에게 편지를 쓰고 싶어졌다.

　써내려 가는 편지지 위에는 어느새 흘러내린 눈물방울이 떨어져 먹물이 번졌다.

　이때의 일을 율곡은 《어머님 행장기》에 다음과 같은 글을 남겼다.

　이때 어머님께서는 평안도에 계시던 아버님께 편지를 쓰

삼청동

서울특별시 종로구에 있는 동이며 경치가 아름다워 사진을 찍는 사람들로 붐비는 곳이다. 번사창(서울유형문화재 제51호), 등나무(천연기념물 제254호), 측백나무(천연기념물 제255호), 종친부(서울유형문화재 제9호), 경복궁 동십자각(서울유형문화재 제13호) 등의 문화재가 있다.

현존하는 국내 유일 궁궐 망루, 동십자각

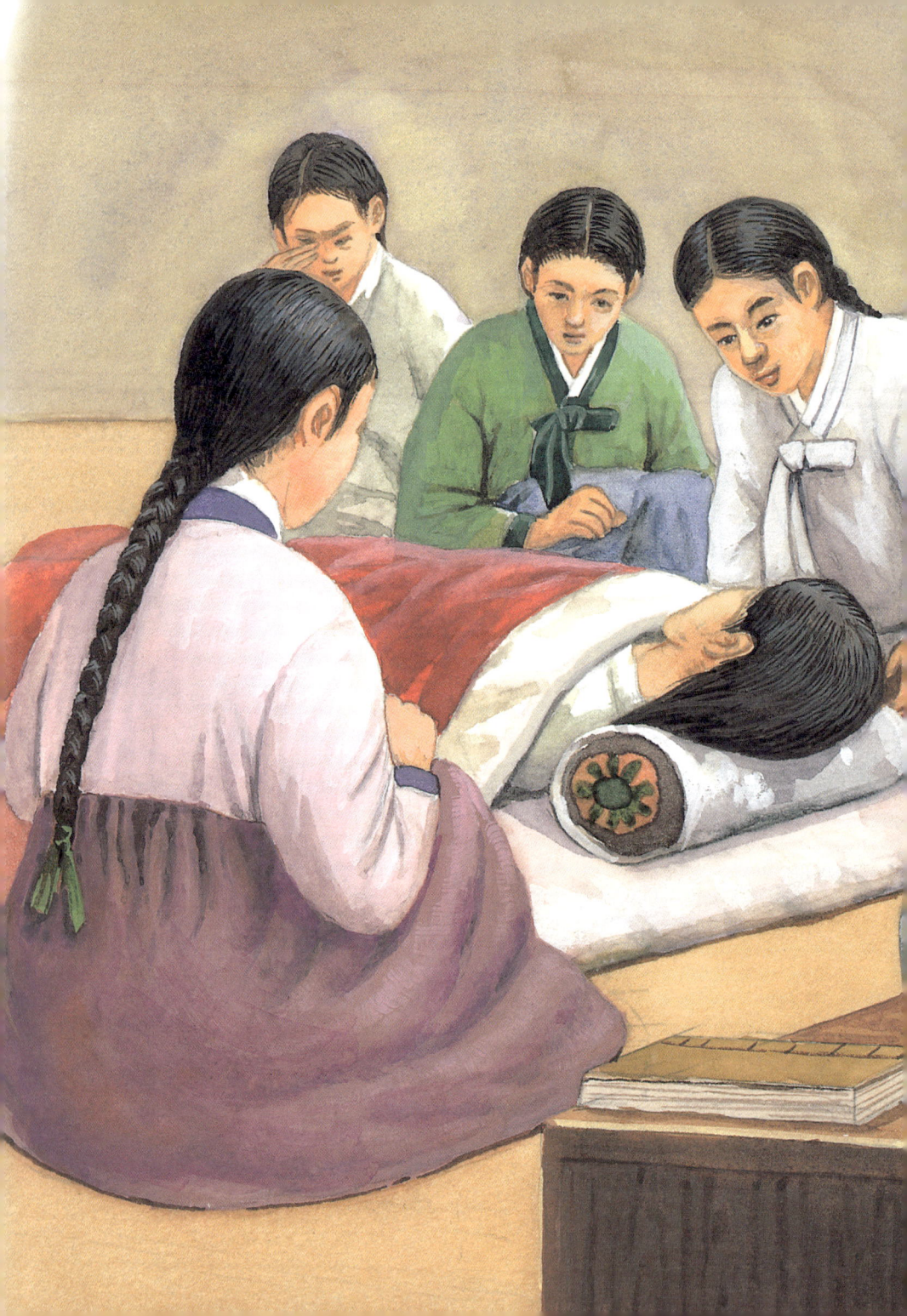

셨는데 눈물로 얼룩져 있었다. 그러나 아무도 그 까닭을 알지 못했다.

 아마도 사임당은 자기의 죽음을 예견하고 남편에게 슬픈 작별을 고했으리라!
 자식들은 날이 갈수록 야위어 가는 어머니를 보면서 온갖 정성을 다했다.
 "어머니, 마음을 편히 가지십시오."
 "아무렇지도 않으니 걱정하지 말아라. 살아가다 보면 몸이 불편할 때도 있지 않으냐!"
 애써 괜찮다고는 하였지만 사임당의 병이 심상치 않다고 여긴 둘째 아들 번이 말했다.
 "어머님, 아무래도 아버님께 알려야 할 것 같아요."
 "아니다. 괜히 나랏일에 전념하시는 아버지께서 나로 인해 일을 그르치시면 어쩌려고 그러느냐. 내 병은 내가 알고 있으니 두 번 다시 그런 말은 꺼내지 말아라."

자식들은 걱정이 되었으나 어머니의 완고함을 꺾을 수는 없었다. 그래서 병간호에만 힘을 기울였는데 그 뒤로도 병색은 더욱 깊어만 갔다.

어느 날 사임당은 자식들을 한 자리에 불러 앉혔다.

"내 이제 곧 눈을 감을 것 같구나. 너희들은 아버님을 잘 섬기고 형제간에는 우애가 깊어야 하느니라."

"안 돼요! 어머니……."

막내아들 옥산이 먼저 울음을 터뜨렸다. 그러나 사임당은 애처롭게 울어대는 자식들을 두고 남편과 두 아들도 없는 자리에서 조용히 숨을 거두었다. 이때가 1551년 5월 17일, 사임당의 나이 마흔여덟 살이었다.

이때 마침 남편도 임무를 마치고 한성으로 돌아오던 길이었다. 세곡을 실은 배가 한강 어귀에 닿자 조금이라도 빨리 집으로 돌아가려고 서둘러 짐을 챙겼다.

남편과 두 아들이 배에서 내리자마자 그들을 기다리던 하인이 달려와 비운의 소식을 전했다.

〈신사임당과 율곡 이이의 묘〉
경시도 파주시 자운산에 있으며 2013년 사적 제525호로 지정되있다.

이원수는 한참 동안 정신을 차리지 못했다. 선과 율곡도 갑작스러운 어머니의 죽음을 전해 듣고 그 자리에 주저앉아 울음을 터뜨렸다.

통곡하는 두 아들을 달래어 집으로 돌아오니 사임당은 자는 듯이 편안히 누워 있었다.

아버지는 사임당을 시댁 조상들이 살아오던 율곡리에서 조금 떨어진 자운산 기슭 양지바른 곳에 묻었다.

일곱 남매는 어머니를 잃은 슬픔에 하염없이 흐르는 눈물을 감출 수 없었다.

사임당의 죽음으로 평온했던 가정에 커다란 슬픔이 몰아닥쳤다.

열여섯 살의 율곡은 어머니의 죽음을 슬퍼하여 《어머님 행장기》를 지었다. 그리고 막내 동생 옥산과 사임당 묘소에 초막을 짓고 삼년상을 치렀다.

한편 강릉에 있던 사임당의 친정어머니 이씨 부인은 딸의 죽음으로 인해 말할 수 없는 슬픔을 겪었다.

율곡은 슬픔에 쌓인 외할머니를 어머니처럼 여기고 효성을 다해 섬기며 어머니에 대한 그리움을 삼켰다.

이씨 부인이 아흔 살의 생애를 마감하고 세상을 떠날 무렵, 율곡은 벼슬자리를 내던지고 달려가 극진히 병간호를 하였다.

율곡은 강릉에서 머물며 생전의 어머니의 가르침에 따라 학문을 갈고닦으며 항상 겸손하고 형제간의 우애에 힘쓰며 늘 어머니를 잊지 않았다.

훌륭한 자식들의 어머니로서 자신의 학문과 예

술에도 힘쓴 신사임당!

　사임당은 어진 아내요, 효성스러운 딸로서도 후세의 많은 사람들에게 귀감이 되고 있다.

신사임당의 생애

　조선 시대 여성의 귀감이었던 신사임당은 강원도 강릉에서 태어났다.
　그녀는 팔방미인으로 어려서부터 글씨와 그림에 뛰어난 소질을 보였다. 남편에게는 어진 아내요, 자식들에게는 현명하고 인자한 어머니로서 7남매를 모두 훌륭한 인물로 키워낸 신사임당은 특히 부모님에게 효성이 지극했던 것으로 잘 알려져 있다.

신사임당
(申師任堂 1504~1551, 연산군 10년~명종 6년)

1504년
강원도 강릉 북평촌에서 아버지 신명화와 어머니 이씨 사이에서 둘째 딸로 출생했다. 외가에서 외조부와 어머니의 가르침을 받으며 자랐다.

1510년
안견의 화풍을 본받아 산수화, 포도도, 풀벌레 등 여러 가지 그림을 공부하기 시작하였다.

1519년
기묘사화가 일어나 정암 조광조를 비롯한 많은 학자들이 화를 당했을 때 신명화는 그들의 동지였으나 다행히 화를 당하지는 않았다.

1521년
강릉 북평에서 외할머니가 숨을 거두었다.
아버지 신명화가 한성에서 강릉으로 내려가는 도중에서 병을 얻어 집에 도착했을 때 어머니 이씨가 조상의 무덤 앞에 가서 손가락을 끊어 지성껏 기도했다.

1522년
이원수와 혼인하였다. 친정에 머물러 있던 중 11월 7일에 친정아버지가 서울에서 숨을 거두었다.

1524년
남편을 따라 한성 시댁으로 갔으며 9월에 한성에서 맏아들 선을 낳았다.

1529년
맏딸 매창을 낳고 둘째 아들 번을 낳았다. 친정어머니의 병환으로 다시 강릉으로 갔다.

1533년
둘째 딸을 낳았다.

1536년
이른 봄 어느 날 밤 꿈에 동해에 이르니 선녀가 바다 속에서 살결이 백옥 같은 옥동자 하나를 안고 나와 사임당의 품에 안겨 주는 꿈을 꾸었다. 다시 그해 12월 26일 새벽에도 검은 용이 동해에서 날아와 사임당의 침실에 이르는 꿈을 꾸고 율곡을 낳았다. 그래서 율곡이 태어난 방을 몽룡실이라고 하였다.

1538년
셋째 딸을 낳았다.

1540년
사임당의 병환으로 온 집안이 걱정에 잠겼는데 다섯 살 난 율곡이 사라져 모두 나서 찾아보니 사당 앞에 가서 엎드려 어머니 병환을 어서 낫게 해 달라고 기도하고 있었다.

1541년
다시 한성으로 가는 길에 대관령에서 <대관령을 넘으며 친정을 바라본다>란 시를 지었다.

1542년
넷째 아들 위(후에 우로 고침)를 낳았다.

1544년
친정어머니를 그리는 마음에 <어머니 그리워>라는 시를 지었다.
인종 1년, 1545년 을사사화가 일어났다.

1550년
여름에 남편 이원수가 지방으로부터 나라에 조세로 바치는 곡식을 실어 올리는 일을 하는 수운 판관의 벼슬에 올랐다.

1551년
남편이 세곡 운반을 위해 아들 선과 율곡을 데리고 평안도 지방으로 내려간 사이 5월 17일 새벽, 숨을 거두었다.